ताना - बाना

ज़िन्दगी के खट्टे - मीठे पड़ाव

नवनीत "नयन"

BookLeaf Publishing
India | USA | UK

Made with ❤ on the BookLeaf Publishing Platform
www.bookleafpub.in
www.bookleafpub.com

Dedication

उन सभी गुमनाम नायकों को समर्पित जो जीवन के हर मोड़ पर अपने साथ बीते हुए घटनाओ को संजीदगी के साथ समय के तीव्र एवं धीमी, शांत एवं कोलाहल से, जैसा भी अनुभव मिले हैं चाहे वो मीठे हों, खट्टे हों या तीखे हों सबको अपने अंतर्मन, अपने अक्स में छुपाते चले गए और सामने एक शांत समुद्र की भाँती गहरे एवं विशाल हृदय स्वरुप रहे। जीते रहे और ज़िन्दगी के आयाम पे अपने पदचिन्ह छोड़ते गए। ये मशहूर नहीं हैं इनकी सिमटी सी जगत है जहां परवाह नहीं है एक सजग लापरवाही है जो जीवन को कुछ मीठा, कुछ खट्टा और कुछ तीखा बनाता है और वो बेपरवाही में सबको परवाह करने के गुर सिखाते जाते है। ये ऐसे ही अनसुने अनकहे नायकों के अनुभव हैं जो शब्दों में पिरोये गए है।

Preface

जीवन कोई एकरस कविता नहीं, बल्कि अनुभवों का एक विस्तृत गद्य, पद्य ,काव्य, ग्रंथ सरीखी संग्रह है– जहां कुछ पंक्तियाँ मीठी,कुछ तीखी,और कुछ ऐसी जो लंबे समय तक मन के कोने में चुपचाप गूंजती रहती हैं। उन्हीं में से एक, यह काव्य-संग्रह किसी काल्पनिक संसार की रचना नहीं, बल्कि आम आदमी के जीवन से उपजे उन अनुभवों का प्रतिबिंब है जो अक्सर कहे नहीं जाते– बस जिए जाते हैं। यह हम - आप जैसे साधारण इंसान के बारे में है जो रोज़ संघर्ष करते हैं, गिरते हैं, संभलते हैं, गुस्सा भी करते हैं, खुश भी होते हैं, और फिर अनजाने अपनी भूमिका निभाते हुए आगे बढ़ जाते हैं।

८० एवं ९० के दशक की अनुभूति लिए यह कविता संग्रह आज की दौड़ती भागती आधुनिक २१वीं सदी में भी अपनी प्रासंगिकता बनाये रखती है। कभी अकेले में, एकांत मन की गहराइयों में झाँक कर देखिएगा !

ये कविताएँ उन भावनाओं की आवाज़ हैं जो शब्द खोजती हैं; उन प्रश्नों की परछाईं हैं जिनके उत्तर समय देता है; और उस मौन का अनुवाद हैं जो बहुत कुछ कह जाता है।

यदि इन पंक्तियों में आपको अपना अक्स दिखाई दे, आपके मन का कोई कोना हल्का-सा भी छू जाए— तो यही इस पुस्तक की सबसे बड़ी सफलता होगी। क्योंकि यह काव्य-संग्रह आपके ही जीवन से उठी हुई आवाज़ है।

Acknowledgements

सर्वप्रथम **श्री गणेश जी** जो मेरे हर पल के **प्रथम श्री** हैं।

मेरे **आराध्य भोलेनाथ शिव** – जिनकी कृपा, प्रेम, वैराग्य और आशीर्वाद ने हर उतार-चढ़ाव में मुझे स्थिरता दी और शब्दों को साधना का रूप प्रदान किया। तत्पश्चात **मेरे गुरु, मेरे ईष्ट श्री हनुमान जी** – जिनसे मैंने साहस, समर्पण और निःस्वार्थ कर्म का भाव सीखा। उनकी प्रेरणा ने मुझे अपने भीतर के भय और संकोच से आगे बढ़ना सिखाया।

इस काव्य-पुस्तक के सृजन की यात्रा में प्रत्यक्ष और अप्रत्यक्ष रूप से जुड़े सभी व्यक्तियों के प्रति मैं हृदय से कृतज्ञता प्रकट करता हूँ।

अपने परिवार के प्रति– जिनके धैर्य, विश्वास और मौन सहयोग ने मुझे लिखते रहने की शक्ति दी। उनका साथ हर शब्द के पीछे खड़ा मेरा संबल रहा।

अपने मित्रों के प्रति– जिन्होंने समय-समय पर मेरे भावों

को सुना, मेरे शब्दों को समझा और मुझे निरंतर आगे बढ़ते रहने का हौसला दिया।

डॉ. रीता के प्रति विशेष कृतज्ञता– जिन्होंने मेरे अंदर वर्षों से सोये इस काबिलियत को जो जीवन के आपा - धापी में कहीं खो गए थे या दब गए थे को प्रोत्साहित किया |

और उन सभी पाठकों के प्रति– दिखे या अनदेखे, जिनके लिए ये कविताएँ लिखी गई हैं। क्योंकि अंततः एक रचनाकार की पूर्णता पाठक के मन और संवेदना में ही अपना आकार पाती है। आप सभी के स्नेह, सहयोग और विश्वास के बिना यह कृति संभव नहीं होती।

आप सभी का हृदय से धन्यवाद।

1. अन्तर्द्वन्द्व

अहसास यह - एक अजीब
अकुलाहट सी अनुभूति लिए
झकझोर गयी मुझे,

पता ही नहीं चला कब
इस फल का बीज मैं खुद पनपा
पौधे की तरह - कोमल, मासूम सा |

फिर बढ़ा और पेड़ बन गया
अपनी ही अक्स सा
तब भी तो - अहसास नहीं कर पाया,
महसूस ही नहीं हुआ
हालांकि त्याग, परोपकार
और दया का स्त्रोत्र तो तब भी था |

पर इतना कड़वा फल – कैसे?
क्या कहीं चूक हुई,
क्या, कहीं भूल हुई!
नयन ढूंढ रहे हैं –
की क्या कहीं कोई – मुझमे,

इस वृक्ष के फल में – मीठापन पा सकेगा !

तलाश है –
कहते हैं विष से ही अमृत भी बनता है
फिर यह स्वफल इतना न्यून तो नहीं !

फिर कब फूटेगी इससे भी रसधार, निर्मल सा !
फिर कब मिलेगी, सच्ची मुक्ति; प्रेम का - समर्पण का!

2. इंसान ही रहने दो

मुझे इंसान ही रहने दो,
नहीं चाहिए देवत्व का रूप
नहीं बनना देव स्वरुप |

जब सब कुछ छीन जाने को
त्याग का नाम दे
जब कुछ पा जाने पर
स्वार्थ की अलंकार मिले तो
वैसे देवत्व की चाह नहीं |

जब सब पाकर भी खोना पड़े
उस स्वरुप दानी नहीं बनना |

नहीं बनना मुझे महान
रहने दो मुझे इंसान ही
शैतान तो वैसे भी न बन पाऊंगा
इसकी तो पक्की गारंटी |

फिर देवत्व के बोझ को
कैसे वहन कर पाऊंगा

इंसान रहूँगा तभी तो -
लड़ पाऊंगा - झगड़ पाऊंगा
रुठ पाऊंगा - मना पाऊंगा |

कुछ सह पाऊंगा,
स्वार्थ कर पाऊंगा
स्वार्थ तो कितना ही शुद्ध है, पवित्र है
न जाने इसे गलत क्यों कहते हैं ?

नजरिये की बात है शायद
अन्यथा इसीसे तो -
मैं हूँ, तुम हो, हम सब हैं
मतलब है तो पुनः नजरिये को बदल
पहलुओं को समझने का !

3. आज का - मनुष्य

मनुष्य आज का ---
आज का, आज के युग का,
ब्रह्माण्ड में उपलब्ध
असंख्य जैव प्राणियों में एक
परन्तु इन असंख्यों में
पूर्णतः ही अलग, विशिष्ट।

प्रकृति का सर्वोत्तम
जिसकी सबसे बड़ी धरोहर,
सबसे बड़ी पहचान –
संवेदना, भावना
तथा बुद्धि, बौद्धिकता |

आज - स्वयं की ही सबसे बड़ी उपलब्धि
विज्ञान पर सिमटता हुआ सा
परिणामतः -
परिवर्तित होता हुआ सा - मनुष्य आज का |

संवेदना और मनुष्यता को
खोता हुआ सा,

बौद्धिकता की असीम मानदंड की
सीमाओं को तोड़ता हुआ - लांघता हुआ |
कल्पनाओं की असीमित दुनिया को
साकार करता हुआ सा
जड़ों को कृत्रिम चेतन रूप प्रदान करता हुआ |

परन्तु , खुद जड़ होता हुआ
अनंत की ओर बढ़ता हुआ --
न जाने क्या पाना चाहता है
धीरे - धीरे मशीनों में तब्दील होता हुआ -- आज का मनुष्य |

4. जीवन की राह

जीवन घटनाक्रमों का, परिस्थितयों का जाल है
जहां चाहा और अनचाहा घटित होता है,

अगर जो चाहा, हमेशा वैसा ही घटित हो
तो शायद जीवन, सहज, साधारण हो जाए।

नहीं - नहीं, गौर करोगे तो पाओगे
नीरस और उबाऊ सा हो जाये।

हाँ, सच है, फिर से विचारो –
यदि हर मोड़ पर, मनचाहा ही मिले,
तो संघर्ष की तपिश कहाँ रहे,
और सीख की चमक कैसे उभरे?

सच तो यह है, ज़िंदगी की राहें
कभी समतल नहीं होतीं,
यहाँ गड्ढे भी हैं और टीले भी
कंकड़ भी हैं, और काँटे भी।

पथिक को चाहिए,

वह अपने मनोबल को मजबूती से
आत्मविश्वास का आधार बनाए रखे,

धैर्य को थामे हुए, कदम इतनी दृढ़ता से रखे
कि दुर्गम राहें भी, सहज सा लगे

और इस राह में जितनी भी खुशियां मिले - उन्हें समेटे,
और जितना संभव हो— उन्हें बाँटते हुए,
जीवन-पथ पर निरंतर बढ़ता जाए।

5. पहली कमाई

देखा जो किसी कोने में, उसे कराहते हुए - मैंने रोटी दी |
पूछा जो हाल - चाल, उसने कहा -
भूखा था चाँद दिनों से
आया था, इस शहर में
रोजी-रोटी की तलाश में।

मैंने पूछा, काम करोगे,
तनख्वाह क्या लोगे?
उसने कहा, बहुत जरुरतमंद हूँ,
जो दिला दोगे, वो ले लूंग।

मैंने पूछा, पहली कमाई मिलेगी जब,
तुम क्या करोगे?
यह सुन आँखों में एक चमक सी कौंध गयी उसके
हर्षित हो, हाँथ जोड़ बोला --बाबूजी दिला दोगे, जो रोजी
भेजूंगा घर वहाँ भी जरुरत होगी ।

फिर लूंगा एक अद्धा, पिऊंगा,
खुशियाँ मनाऊंगा

और जो तुम कहोगे, तो कुछ कमीशन
तुमको भी देता जाऊंगा।

6. भौतिकवादिता

भौतिकवादी है ये दुनिया
खो रही है मानवता
हर बात में बढ़ गयी है यहां -
स्वार्थ की ही लिप्सा |

स्वार्थ कोई बेमानी नहीं पर
स्वार्थ की ही लिप्सा - अति बेमानी |

पहचान खो रही मानवता अपनी
पैसों की है पहचान बढ़ रही,
व्यस्त जीवन मानो हो गया मशीन सा
लगे हैं, पाने में बस पैसा - पैसा |

मानवता की जो हुई ह्रास
देता हूँ उसकी एक मिसाल;

हुआ जो बीमार चंद दिनों का
मालिक ने माँगा जवाब
मैंने जो दुखड़ा गाया तो
उसने खूब आंसू बहाया

फिर झट पोंछ आंसू , हुक्म दिया -
लग जाओ जो अब आ गए हो आज
बाकी के जो रहे बीमार,
तनख्वाह में से लूंगा काट।

7. अंतःकरण

दिन के अँधेरे में, और रात के उजाले में

एक परछाई सी --
कुछ - कुछ जानी सी, कुछ पहचानी सी

कौन है ? क्या मैं --- !

परन्तु मैं तो यहां हूँ,
इससे बिलकुल इतर, बिलकुल अलग !

फिर यह थोड़ी जानी सी - थोड़ी पहचानी सी
बिलकुल ही अपनी सी --- कौन है ?

शायद वजूद न होकर भी - कुछ तो है!

दिग्भ्रमित सा - विस्मित सा
वास्तविकता तलाशता,

दिन के उजाले को ढूंढता
रात के अँधेरे को तलाशता !

क्या कहीं - कुछ अनिश्चित सा
या फिर निश्चित होकर ही

कुछ पहचान नहीं पा रहा ---
पर, कहीं अंतर्मन की आकुलता ---
इशारा कर रही - पहचानता हूँ शायद।

8. कालचक्र

भावना की बहाव थम चुकी है ---शायद !
यथार्थ ने स्थितियों को बदल दिया है

यह हुआ कैसे - ?
शायद - कालचक्र!

हाँ - ये कालचक्र, ये समय, ये वक़्त
यही तो सब है - बिलकुल ठीक
इस वक़्त ने, वक़्त के हिसाब से
सबको बाँध रखा है ---

मैं, तुम, वो और हमसब
सब इसी के चक्रों से बंधे हैं
कल तक - जिन दिवास्वप्नों में
गहरे डूबते थे - उतराते थे

आज - यथार्थ की कसौटी पर
तौलते हैं, तर्क करते हैं

तार्किकता - बौद्धिकता

भावुकता - हृदयता

कैसा सामजस्य !

तर्क की राह भी उचित जान पड़ता है
भावना की राह भी उचित

फिर परिणाम में अंतर कैसे?

9. आधुनिकता

इस महानगरी में
मैं भी आखिर आ ही धमका
सोचा की सभ्यता के इस प्रांगण में
मैं भी सभ्य बन जाऊंगा !

आधुनिकता के इस सुनहरे रंग में
रंग कर कुछ आधुनिक सा बन जाऊंगा !

आये दो - एक मास ही बीते
न पूछो ये पल कैसे बीते

अच्छा सीखा - सभ्यता का पाठ
पाया बर्बरता और व्यापार |

न मानवता, न सहृदयता
सब हैं अपने मतलब के यार।

खूब दिमाग से खेलता पाया
खूब दिम्माग को लगता पाया
आज का दिन साध जाने दो

कल की कल देखेंगे, जाने दो |

आज तुम हो, कल कोई और तो परसों कोई और ही
बस इसी सूत्र को पिरोते, आजमाते, जीवन बिताते देखा |

अच्छा है, मैंने तो वापसी का ठौर खुला रखा है,
इस आधुनिक समाज में खुद को बिलकुल वेल्ला देखा है ।

10. तुम देखो और तुम्हारा काम

दूर कहीं धधकते चिंगारियों ने
आज दिल को फिर से दहला दिया है |

फिर कोई माँ का लाल, पिता की आशा,
बहन का गुमान और भाई का साया --
शहीद हुआ है ।

तिरंगे से लिपटा उसका तेज
चेहरे पे निर्लप्त शान्ति का भाव |

और, जैसे कह रहा हो -
बदनामी दो या दो नाम,
सवाल पूछो या पूछो जवाब
न्योछावर कर चले हम तो अपनी जान
अब तुम देखो और तुम्हारा काम।

कलम काँप रहे, पन्ने रहे थर्रा
पुनः से वही वाकया,
और कितने शहीद
मिट्टी में मिल

इतिहास के माथे की अमर लकीर बनेंगे?
औरकब तक खबर बनेंगे, लहू से लिखे ये नाम |

हर बार रोते हैं, श्रद्धांजलि देकर सो जाते हैं,
और अगली सुबह फिर -
सदनों में चिल्लाते हैं।

शहीद!
क्या ,तुम्हारा कर्ज़ शब्दों से उतरेगा !
क्या, दो दिन की सुर्खियों में,
सिमट जाएगा तुम्हारा बलिदान?

कब थमेगा ये और कितनो की होगी अवसान |

11. जागती आँखों की नींद

सो जाओ मेरे सपनों,
वक़्त के बेरहम हाथों वर्ना - कुचले जाओगे।
अब क्यूँकर जगते हो,
जब जगना था - तब तो जगे नहीं।

वर्तमान की लिप्सा को सत्य मान
भविष्य को अन्धकार कर लिया
फिर अब क्या रखा है !

क्या कभी कुछ सोचा था - विचारा था !
जो अब पछता रहे -
भौतिक वासनाओं की लिप्सा में -
सदा ही खोते रहे !

वर्तमान जी न सके, भविष्य बना न सके
जगते रहे, पर क्या सच में - !

नहीं, बिलकुल भी नहीं
वह तो खुली आँखें - तुम सो रहे थे
जिगर को मारे बैठे

दृष्टिहीन सा - दिशाहीन सा ।

12. उम्र एक संख्या ही तो है

उम्र महज एक संख्या ही तो है
परन्तु -
जो अनुभव वो संख्या लाती है
जो बातों में ठहराव आती है
उस संख्या से पहले कभी
महसूस हुआ - नहीं |

सच ही तो है,
अब न तो मैं वो रहा
जो सपनों पर आँख मूंदें भरोसा कर सकूँ ,
और न वो हूँ, जो हर टूटन को कोस सकूँ।

उस पड़ाव पर उमर ले आयी है –
जहाँ पीछे मुड़ता हूँ,
तो नज़रें चुराता हूँ,
और आगे देखता हूँ,
तो खुद ही से उम्मीद करता हूँ।

सच इतना भी सच्चा नहीं रहा,
कि बिना काँपे कह सकूँ।

और झूठ इतना भी झूठा नहीं,
कि हर बार शर्मिंदा होऊँ।

ज़िंदगी के कच्चे - पक्के
अनुभवों ने सिखाया—
कभी सच को बचाने के लिए,
झूठ ओढ़ना पड़ता है,
और कभी झूठ को ढोते-ढोते,
सच ही थक जाता है।

और यह सब उम्र एक संख्या ही तो है - ने सिखलाया।

13. आत्म-अवलोकन का द्वंद्व

गुनगुने जाड़े की धुप में यूँ ही एकांत में बैठा
अपनी तन्हाइयों के साथ गुफ्तगू कर रहा था

की अवचेतन ने इक आवाज लगाईं
बैठे हो - तो क्यूँ न आत्म-अवलोकन कर लें

चेतन ने प्रतिकार किया
क्यूँ, अभी ही क्यूँ

कितने वक़्त बाद ये समय मिला है एकांत, शांत
तन्हाई में बिताने का यहां भी तुम शांत न रहने दोगे ।

क्या हुआ भला जो आज शांत मन से है,
क्या हुआ जो दिन-प्रतिदिन ताना - बाना पिरोने से इतर
आज बैठा इस गुनगुने धुप को महसूस कर रहा।

जो इस जाड़े की ठण्ड में उत्तम अहसास,
मन को अनोखी तृप्ति एवं शान्ति दे रही |

अच्छा चलो, तुम कहाँ मानने वाले कर लो अपनी, अपने मन की

अवचेतन, मुस्कुराया और धीरे से लुप्त हो गया

और मैं आज भी रह गया खुद से परिभाषित होने से
अंतरात्मा के पटल पर साबित होने से।

14. पहचान

बड़े ही ढीठ हो
जब अपनी जिद पे आते हो
हर मुश्किल काम
आसान बना देते हो

हमेशा ही ऐसे क्यूँ नहीं हो?

ये जूनून ये सनक
जब भी तुममे आती देखि,
तुमने कुछ अच्छा ही किया
फिर यह हमेशा तुममे क्यूँ नहीं रहता?

या शायद जो ये तुममे हमेशा नहीं रहता
तो यही अच्छा है -
तभी इसकी प्रासंगिकता बनी रहती है
तभी तुम मूलयवान रहते हो ।

पर तुम तो इसकी परवाह कर लो
कर लो ना, इसी वजह से
आम इंसान तक की मूल्यता

नहीं मिलती तुम्हे।

ये समाज ऐसी नहीं,
जो बिना मांगे क़द्र भी करे
यहां तो दूध के लिए
बच्चे को भी रोना पड़ता है |

कितने बेपरवाह हो
समझ तो ली ना तुमने
अन्यथा क्या ही पाओगे
मान लो मेरी बात - मानोगे ना !

या शायद यही जिद्दीपन, ये ढीठ स्वाभाव ही
तुम्हारा अक्स है, तुम्हारी पहचान !

15. उम्मीद

अँधेरे की अंतहीन गहराईयों में
एक छोटी सी टिमटिमाती रौशनी
जो एक छोटे से दिए से आ रही है
- उम्मीद है।

जो इस घनघोर तमस में राह दिखला रही
जहां हर ओर से हालात सवालों के घेरे बनाती है
जेहन के भीतरी इकाई से जो उत्तर आती है
- उम्मीद है।

हर थपेड़ो को सहने की, टूटते सपनों से थक - हार की
परिस्थितियों पर महलों के टूटते पड़ी मलबों में भी
जो एक नयी नींव खोज लाये
- उम्मीद है।

हार की थकी साँसों में,
फिर से चलने की जो ताक़त भर देती है
हर रात के बाद सुबह का भरोसा, जो दिलाती है
- उम्मीद है।

सूखे विश्वास की ज़मीन पर,
जो नए विश्वास के बीज बो जाती है।
जब मन कहे – अब बस बहुत हुआ,
तभी धीरे से जो कहती है – अभी नहीं!
- उम्मीद है।

हर ठोकर को जिंदगी के सबक बना,
आगे बढ़ने का हौसला देती है।
उम्मीद के सहारे ही जीवन,
हर बार खुद को फिर चुनती है।

सच, ये उम्मीद ही तो है !

17. अकेलापनः एक आत्म-स्वीकारोक्ति

उम्र के कई पड़ाव
बिना ठहरे, बिना देखे पार कर लिए
पर समय के साथ
अकेलेपन का अहसास
भीतर तक कचोटने लगा है।

घर की दीवारें, बहुत डराने लगीं हैं,
कमरे में छायी चुप्पी, गहरी शान्ति
क्रंदन करने, शोर मचाने लगी है।

उन चारदीवारियों के बीच, अकेला मैं—
जैसे किसी वीरान टापू पर
अकेला भटका हुआ राहगीर।

अन्तःमन ने सवाल किया - क्या सचमुच
मैं इन सब का अधिकारी था?

ऐसी जीवन की तो परिकल्पना भी नहीं थी,
सामाजिक और भरे - पुरे परिवार की कल्पना

हमेशा से गुदगुदाती रही,
सुखद एहसास कराती रही थी।

मन के अनंत कोने में इस कल्पना को
जीवंत करने की आस थी, किन्तु
क्या सच के साथ रहना
इतना कठोर और निर्विकार होता है?

"मीठे बोल बड़े अनमोल"
यह जाना, पर साध न सका,
सच–ईमानदारी के आग्रह में
अपनों को भी पा न सका।

अब जान गया हूँ - सच को करुणा का स्पर्श और
ईमानदारी को संवेदना का जुड़ाव
ही बेहतर युक्ति हैं - क्योंकि
सच वही सार्थक है जो तोड़े नहीं, जोड़े !
ईमानदारी वही पूर्ण है जो इंसानियत को मायने दे |

कठोर होना साहस नहीं,
साहस तो यह है कि सच कहते हुए भी
किसी का दिल अकेला न छूटे -
अकेलेपन में न टूटे।

17. असंपृक्त

अंतर्मन हो या हो बाह्य परिवेश
कितनी भीड़ - कितनी शोर
बावजूद मैं नितांत - अकेला।

जुड़ाव के साथ भी - बंधनहीन,
मिलन के साथ भी - सीमाहीन,
समाज में रहते हुए अनासक्त सा
क्या यह कोई पलायन है - नहीं, सजग चुनाव है।

अनुभव करता हूँ, पर आसक्ति नहीं,
देखता हूँ, पर डूबता नहीं - खोता नही।
निभाता हूँ भूमिकाएँ, रिश्ते,समाज के बंधन,
पर सामंजस्य नहीं, मिश्रण नहीं।

अपनों केभीड़ में भी - असम्पृक्त सा मानो -
नदी के बहाव बीच - एक अडिग ढीठ पत्थर।

कर्मनिष्ठ आत्मचेतन पर भार नहीं
भावनाओं का दबाव नहीं,
सुख आए– तो आभार,

दुःख आए— तो शिरोधार्य ।

यह न तो उदासीनता है,
न ही संसार से विरक्ति की पराकाष्ठा।
यह तो बस - स्वस्थ आत्म-सीमा की पहचान है,
जहाँ संवेदना जीवित रहती है और चेतना सजग।

अपने ही विचारों से, थोड़ा हटकर
खुद को देख पाना— यही आत्म-साक्षी होना है,
और यही मन का सबसे अहम साहस।

वर्तमान से पूर्ण उपस्थिति,
सफलता हो या विफलता—
जिंदगी के मानकों पर
एक-सी मानसिक समता।

यही है, समाज में रहकर भी
स्वयं के भीतर स्वतंत्र, बहाव में
- मेरी असंपृक्तता - !

18. जिंदगी के अनमने रास्ते

संभलना –
देखना, कहीं फिसल न जाना – गिर न जाना
ये ज़िंदगी के उतार-चढ़ाव, टेढ़े-मेढ़े से रास्ते–
कहीं चौड़ी सड़क, तो कहीं अनदेखी पगडंडियाँ।

अपनी पर आए, तो ये बेरहम–
अंतस तक हिला दे, झकझोर दे !
और जो हँस दे,
तो दुनिया तमाम मुट्ठी में भर दे – सुनहरी-सी कर दे।

इसका स्वाद कभी खट्टा, तो कभी मीठा;
कभी सरल, सुगम आनंद से भरा,
तो कभी कड़वा, सच्चा–परीक्षा लेता हुआ।

सीधा वहीँ वार करता,जहाँ समाज,
मुँह चुराता, बातें तक नहीं करता
जो 'सच' बोलने को आता, तो विवाद पैदा कर जाता।

कभी सत्ता, लालच, लालसा
और उत्तरजीविता की वो परतें

जो आम ज़िन्दगी में ज्वार - भाटा सी उठाती हैं।

ठाठ-बाट, चकाचौंध नहीं,
कल्पना की कोई डुबकी नहीं–
सिर्फ़ कठोर, धरातली यथार्थ |

और असल भावनाओं का असह्य भार;
इतना भारी कि मस्तिष्क नहीं,
अंतरात्मा में हिलोरें लेता है।

फलतः–
इसी असमान संघर्ष-पथ पर
कोई उपलब्धि की सीढ़ियाँ चढ़ जाता है,
तो कोई गुमनामी की खामोशी में
धीरे-धीरे विलीन हो जाता है।

19. अनकहे का अभिलेख

जीवन कोई कविता नहीं,
जिसे मनचाहे शब्दों में सजा लिया जाए—
यह तो अनुभवों का एक मौन संग्रह है,
कुछ मीठे, कुछ तीखे, और कुछ ऐसे
जो बिना शोर किये मन के कोनों में
लंबे समय तक गूंजते रहते हैं।

किसी कल्पनालोक की उड़ान नहीं,
बल्कि जीवन की धरती से उपजे
उस सच का प्रतिबिंब है
जो अक्सर कहे नहीं जाते—
बस जिए जाते हैं, धीरे – चुपचाप - पूरे मन से।

यह कथा है हममे से - उन खास जनों की,जो
अनजाने ही अपनी भूमिका निभाते हुए
हर दिन आगे बढ़ते चले जाते हैं—
बिना किसी उद्घोष के, बिना किसी चाह के |
जो जीवन के हर मोड़ पर
बीते हुए क्षणों को, संजीदगी से समेटते गए |

चाहे समय तेज़ रहा हो या धीमा,
शांत रहा हो या कोलाहल से भरा,
हर अनुभव को अपने अंतर्मन में
अपने वजूद में संभाल कर रख लिया।

बाहर से, शांत समुद्र जैसे –
परन्तु भीतर गहराई भी थी और विस्तार भी,
जिसमें असंख्य भाव लहरों की तरह आते–जाते रहे।
जीते रहे...और जीवन के विस्तृत आयाम पर
अपने पदचिन्ह, छोड़ते गए–

एक सजग लापरवाही के साथ, वो बेपरवाह,
सबको परवाह करने के गुर सिखाते गए।

20 . Gen - Z

ये Gen Z हैं –
वर्तमान में जीने वाली पीढ़ी
भविष्य की चिंता से दूर
इनके हाथों में दुनिया समाई है,

एक छोटी-सी चमकती स्क्रीन में,
उँगलियों की हर सरसराहट पर
सपनों की कतारें चलती हैं

कितने सच्चे हैं, कितने मासूम हैं,
बेबात हँसते और रोते हैं
दिल की बात फ़िल्टर नहीं करते

"लाइक" को प्यार समझ लेते हैं,
और "सीन"होने को
रिश्तों की गहराई मान बैठते हैं।

भोले - भाले से ये,
हर चमक को सच मान लेते हैं,
हर ट्रेंड में अपना वजूद ढूंढ़ते हैं।

और हाँ –
उम्र से पहले बड़े दिखते हुए भी,
अंदर अब भी खिलौने ढूंढते,
कहानियाँ सुनते, बाल सुलभ से |

बेपरवाह से दीखते हैं – पर बेदिल नहीं,
भटके हुए से लगते हैं – पर बेराह नहीं।

ये वर्तमान की छांव में पल रहे हैं,
धुप की अहमियत, अभी जानते नहीं।

कल इन्हीं में से कोई लहराएगा, समय को थामेगा,
आज इन्हें समझना होगा - धैर्य से , सँभालना होगा।

21. लेखन - मेरी जिजीविषा

सब कहते हैं - लिखो
पुनः शुरुआत करो; परन्तु -
क्या लिखूं और क्यों लिखूं !

क्या हासिल हुआ लिखने से भी
वक़्त के बेरहम हाथों ने जो मेरा था -
उसे भी मेरा न होने दिया !

जो संजोया था और जोड़ा था
चुन - चुन कर अपने विचारों के गलियारे से
वो सारे अनमोल मोती - खो गए
खो गए , चुरा लिए गए या छीन लिए गए !

अब जो भी हो - क्या वे मोती,
जो शब्दों के सागर में गहरे पैठ लगा कर
निकाले गए थे और चुन - चुनकर
जो माला तैयार किया था –

क्या कभी दुबारा - वापस मिलेगा;
मुझे - कभी ! मेरा आरम्भ – मेरा क्रमशः....!

www.ingramcontent.com/pod-product-compliance
Lightning Source LLC
Chambersburg PA
CBHW070649240926
51846CB00003BA/842
9789375275251